Lesenlernen mit dem kleinen Einhorn

Lesenlernen
mit dem
kleinen Einhorn

www.leseloewen.de

ISBN 978-3-7432-0106-4
1. Auflage 2019
© 2019 Loewe Verlag GmbH, Bindlach
Dieser Titel enthält die Einzeltitel *Das kleine Einhorn und das Zauberschloss*,
Das kleine Einhorn in der Höhle des Drachen und *Das kleine Einhorn
im Land der Riese*n aus der Reihe *Bildermaus Champion* und *Bildermaus*
© 2011–2013 Loewe Verlag GmbH, Bindlach
Umschlag- und Innenillustrationen: Dorothea Ackroyd
Umschlaggestaltung: Elke Kohlmann
Printed in the EU

www.loewe-verlag.de

Inhalt

Maja von Vogel

Das kleine Einhorn und das Zauberschloss

Illustriert von Dorothea Ackroyd

Elias büxt aus

„Komm her, Elias!", ruft Mama  .

„Heute stutzen wir deine  ."

Aber das kleine  schüttelt

den  . Es tanzt lieber mit

Miri über die  . „Elias! Bleib

stehen!" Mama  wird jetzt

ärgerlich.

„Fang mich doch", kichert Elias.

Mit wehender  galoppiert er in

den verzauberten . Miri flattert

hinterher. Sie jagen sich zwischen

den  hindurch, bis der 🌙

hoch am 🌌 steht.

Auf einer   bleiben sie stehen.

Dort wächst saftiges  . Es leuchtet

verlockend im  . „Hm, das

riecht aber lecker." Elias leckt sich

über die   . Sein  knurrt.

„Warte!", ruft die . „Hier stimmt

etwas nicht! Das 🌱 war gestern

noch nicht da. Wie ist es so schnell

gewachsen?"

Aber das ist dem kleinen  egal.

Es senkt den   und frisst gierig.

Doch kaum hat es die ersten

hinuntergeschluckt, wird ihm

schwindelig.

„Oh,  und ", murmelt Elias.

„Warum dreht sich alles?" Miri,

die , fliegt besorgt herbei. „Was

ist los?", ruft sie aufgeregt. Aber

das kleine antwortet nicht.

Ihm wird schwarz vor .

Gefangen im Zauberschloss

Als Elias die aufschlägt, ist es

dunkel. „Wo bin ich?", murmelt er.

Die ist verschwunden,

genauso wie der . Elias liegt

in einem mit feuchten .

Auf dem modert altes

vor sich hin.

Durch ein winziges  hoch oben

fällt ein wenig . Das kleine

zittert am ganzen . Was ist nur

passiert? Da öffnet sich die .

Elias springt erschrocken auf.

Vor ihm steht der böse !

Alle  im  fürchten ihn.

„W…was willst du von mir,

böser ?", stottert Elias. Der

lacht. „Ich hab dich in eine

gelockt, kleines ! Das  war

verzaubert. Nun musst du bis zum

nächsten hierbleiben."

Elias scharrt nervös mit den   .

„Warum denn?", fragt er verzweifelt.

„Ich brauche dein  ", erklärt

der  . „Was?" Elias reißt die

auf. „Ohne  bin ich doch kein

echtes  mehr!"

Aber der 🧙 geht einfach. Er

verriegelt die 🚪 von außen. Elias

ist gefangen! Ihm steigen die 💧 in

die 👁 . Doch plötzlich surrt etwas

über seinem 🦄 . Elias spitzt die 👂 .

Miri schwirrt durchs 🪟 herein!

„Hallo, Miri!", ruft Elias erleichtert.

Schnell erzählt er der , was der

böse  vorhat. „Du musst

fliehen", beschließt Miri. Sie

schwenkt ihren ✏ – und schon

öffnet sich die 🚪.

Das kleine  lacht. „Du bist

ein 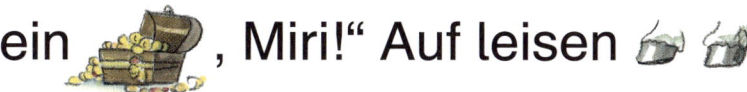 , Miri!" Auf leisen 🐾 🐾

schleicht Elias aus dem  . Über

eine 🪜 gelangen er und Miri ins

verzauberte 🏰 . Elias huscht

durch die große  . Da ist das 🚪 !

Doch plötzlich versperrt ihnen der

böse  den ! „Hiergeblieben,

kleines  ", sagt er barsch.

Elias lässt den  hängen.

Er will sein nicht verlieren!

Was soll er nur tun?

Das traurigste Mädchen der Welt

„Ab in den  ", befiehlt der  .

Elias schüttelt den  . „Sag mir

erst, was du mit meinem

vorhast." Der  zögert, dann

nickt er. „Na gut, kommt mit."

Er führt Elias und  Miri in ein

prächtiges  .

Auf einem goldenen  sitzt

ein wunderschönes . „Das ist

meine Tochter Sara. Sie ist sehr

krank. Kein   kann ihr helfen",

erklärt der .

„Was hat sie denn?", fragt das

kleine   . „Sara lacht, spricht

und isst nicht mehr", sagt der

verzweifelt.

„Nur das  eines kann sie

retten. Es muss bei  abgetrennt

und gemahlen werden. Wenn Sara

es zu sich nimmt, wird sie wieder

gesund", fügt der  hinzu.

„Wann hat Sara denn zuletzt

gelacht?", fragt  Miri. „Kurz bevor

ihr Bruder Simon ausgezogen ist,

um einen  zu töten", antwortet

der . „Er ist bis heute nicht

zurückgekehrt."

Elias wird nachdenklich. „Arme

Sara", murmelt er. „Sie ist bestimmt

sehr einsam." Er trabt zum

und schnaubt dem  sanft ins .

Sara streicht über seine silbern

glänzende .

Plötzlich fangen ihre  an zu

strahlen. „So eine schöne !",

flüstert sie. „Wie flüssiger ."

Elias wiehert leise. „Willst du mit zur

großen kommen und mit

Miri und mir spielen?"

Sara lächelt. „Ja!" Der  schließt

sie in die . „Du sprichst wieder!

Wie wunderbar!" Er wischt sich

eine  aus dem . „Danke,

kleines ." Elias schaut ihn

an und fragt: „Bin ich nun frei?"

Der  nickt. „Natürlich!" – „Juhu!",

jubelt  Miri. Elias nimmt Sara auf

den  und läuft los. Die kleine

fliegt hinterher.

Auf der großen  wartet schon

Mama  . „Da bist du ja, du !",

schimpft sie. „Jetzt kommt die

ab." – „Nein!", ruft Elias empört.

Sara lacht. „Ich könnte 🌾 🌾 in

deine 🦄 flechten", schlägt sie vor.

Mama  ist einverstanden. Elias

auch. Nun kann er seine lange

doch behalten! Als Sara fertig ist,

tanzt das kleine  mit ihr und Miri

über die . Und seine neuen

tanzen mit!

Die Wörter zu den Bildern:

 Einhorn

 Mond

 Mähne

 Himmel

 Kopf

 Lichtung

 Elfe

 Gras

 Wiese

 Mondschein

 Wald

 Lippen

 Bäume

 Bauch

 Halme

 Fenster

 Spinnenbein

 Körper

 Mäusedreck

 Tür

 Augen

 Zauberer

 Keller

 Falle

 Wände

 Vollmond

 Boden

 Hufe

 Stroh

 Horn

Tränen

 Weg

 Ohren

 Zimmer

 Zauberstab

 Bett

 Schatz

 Mädchen

 Wendeltreppe

 Arzt

 Schloss

 Drache

 Halle

 Gesicht

 Tor

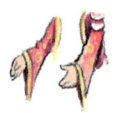 Arme

 Rücken

 Räuber

 Zöpfe

Maja von Vogel

Das kleine Einhorn in der Höhle des Drachen

Illustriert von Dorothea Ackroyd

Hilfe für Sara

Es ist noch früh im verzauberten .

Gerade geht die  auf. Doch das

kleine  Elias ist schon wach.

Mit wehender  trabt es zum

verzauberten . Hinter ihm

fliegt Miri. Sie wollen zu Sara,

der Tochter des.

Sara sitzt hinter dem  im  .

„Hallo, Sara! Wollen wir zusammen

spielen?", wiehert das kleine

fröhlich. „Heute nicht", sagt Sara

und schüttelt den  .

„Was ist los? Warum machst du so

ein trauriges 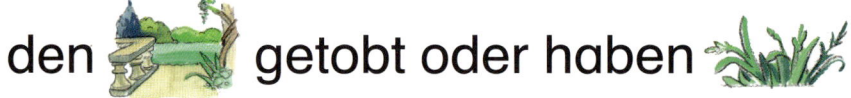?", fragt Miri.

„Ich vermisse meinen Bruder Simon.

Früher sind wir zusammen durch

den getobt oder haben

im gesucht." Sara seufzt.

„Simon will  werden. Doch dann

ist er ausgezogen, um einen

zu töten." Elias guckt verwirrt.

„Wieso?", will das 🦄 wissen.

„Um dem   zu beweisen, wie mutig

er ist", erzählt Sara. „Papa macht

sich immer über Simon lustig, weil

der sich lieber um verletzte

kümmert, als mit dem  zu

kämpfen."

Dicke  glitzern in Saras .

„Hoffentlich ist ihm nichts passiert …"

Das kleine stampft mit dem

auf. „Wir müssen Simon finden!" –

„Ja!", sagt  Miri und nickt eifrig.

„Aber wo sollen wir suchen?"

Elias überlegt. „Vielleicht ist er

zum  im verzauberten

gegangen. Kommt mit!" Sofort

machen sich die drei auf den  .

In der Drachenhöhle

Das kleine  läuft tief in den

verzauberten  hinein. Sara sitzt

auf seinem  und  Miri flattert

voraus. Die  steht schon hoch

am  , als Miri endlich ruft: „Dort

ist die  des  !" – „Pst!" Das

kleine  schleicht leise näher.

Vorsichtig betritt es die  . Aber

der  ist nicht da. Nur seine

funkeln geheimnisvoll in einer  .

Sara steigt von Elias'  ab.

Sie hebt etwas vom  auf.

„Simons ! Ob der ihn

gefressen hat?" Eine läuft über

ihr . „Bestimmt nicht", sagt die

kleine tröstend. Elias spitzt

seine . Er hat etwas gehört.

„Der  kommt zurück! Schnell

weg!" Zu spät. Der  stapft

schon in die  . „Verflixter  !

Wir sitzen in der  ", murmelt Elias.

„Wer seid ihr?", knurrt der  .

Er sieht verärgert aus. „Wollt ihr

etwa meinen  stehlen?" Elias

schüttelt schnell den   . „Nein! Wir

suchen Simon, den Sohn des  ."

Der   wird sofort freundlicher.

„Simon? Ja, der war hier. Er stand

mit gezücktem vor meiner ,

aber ich konnte nicht kämpfen. Ich

hab mir mit meinem eigenen

den  verbrannt. Schön blöd!"

Der  wird rot. „Und dann?",

fragt Sara gespannt. „Simon hat

sein  fallen gelassen und

die  mit  aus seiner

gekühlt." Der  kratzt sich

verlegen am .

„Dann ist er losgegangen, um

heilende  zu suchen. Aber er

ist nicht zurückgekommen." Das

kleine , Miri und Sara sehen

sich an. Was, wenn Simon sich im

verzauberten  verirrt hat?

Ein fröhliches Wiedersehen

„Wir müssen Simons   finden!"

Das kleine  trabt aus der

und schnuppert eifrig. „Ich rieche

was!" Mit gesenktem  folgt

Elias der . „Wie gut, dass du

so eine feine hast", stellt Miri

fest.

Elias, Miri und Sara wandern quer

durch den , doch plötzlich endet

die  an einem . „Und jetzt?"

Sara macht ein ratloses .

„Achtung!", zischt die kleine

warnend.

Ein  taucht aus dem ![Bach] auf.

Schnell ducken sich alle hinter

einen ![Busch] . „Seht nur!", flüstert Sara.

„Der  trägt Simons ![Hut] !" –

„Vielleicht hat er Simon entführt!",

wiehert das kleine  leise.

Der  schwimmt den

hinunter bis zu einem  mit tief

hängenden . Unter den

sitzt jemand. „Simon!", ruft Sara und

stürzt zum . Das kleine

galoppiert hinterher.

„Wir retten dich!" Sofort zückt

Miri grimmig ihren  . Der

klappert ängstlich mit den  .

Da ruft Simon laut: „Stopp! Der

hat mir nichts getan!"

Das kleine  bleibt verdutzt

stehen. „Nicht? Aber er trägt doch

deine !" Simon schüttelt den .

„Ich habe mir den  verstaucht, als

ich  am  gesammelt habe.

Der  hat mir geholfen. Darum

habe ich ihm meine  geschenkt."

Sara fällt Simon glücklich um

den . „Kommst du jetzt mit

nach ?" Simon nickt. „Aber erst

muss ich den  verarzten."

„Steig auf!" Elias trägt Simon

zur  des . Dort legt Simon

dem  einen  aus

an. Danach kehren sie zum

zurück. Der  macht große  .

„Endlich bist du wieder da!"

Er blinzelt eine   weg und

schließt Simon in die 🎩👖 .

„Danke für alles!" Sara lächelt Elias

und der 🧚 zu. „Gern geschehen",

wiehert das kleine 🦄 .

„Heute gibt es  für alle!"

Der  zaubert die größte

herbei, die Elias und Miri je gesehen

haben. Fröhlich schlagen sich alle

die  voll, bis keine

mehr übrig sind.

Die Wörter zu den Bildern:

 Wald

 Garten

 Sonne

 Kopf

 Einhorn

 Gesicht

 Mähne

 Kräuter

 Schloss

 Arzt

 Elfe

 Drache

 Zauberer

 Tiere

 Schwert

 Goldmünzen

 Tränen

 Ecke

 Augen

 Boden

 Huf

 Trinkflasche

 Weg

 Ohren

 Rücken

 Mist

 Himmel

 Falle

 Höhle

 Schatz

Feuer

 Busch

 Schwanz

 Mütze

 Wunde

 Baum

 Wasser

 Zweige

 Spur

 Zauberstab

 Nase

 Zähne

 Bach

 Fuß

 Wassermann

 Hals

 Haus

 Torte

 Verband

 Bäuche

 Arme

 Krümel

Maja von Vogel

Das kleine Einhorn
im Land der Riesen

Illustriert von Dorothea Ackroyd

Eine Elfe in Not

Die 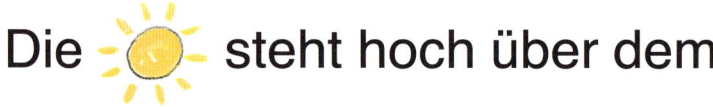 steht hoch über dem

verzauberten . Ungeduldig trabt

das kleine 🦄 Elias über die

große 🌿. „Wo bleibt denn Miri?",

schnaubt es. „Wir wollten doch die

weise 🐢 besuchen!" Aber die

kleine 🧚 taucht nicht auf.

„Dann hole ich sie eben ab",

beschließt Elias und läuft in den .

Miri wohnt nicht weit von der

in einem hohlen  🌳. Elias schaut

durch ein .

Oje, Miri liegt ja noch im  !

„Aufstehen, du  !", wiehert

das  . Doch die  rührt sich nicht.

„Ich bin zu müde", murmelt sie.

„Und meine  sind so schwer."

Elias blinzelt besorgt. „Bist du etwa

krank? Du brauchst einen  !"

Blitzschnell galoppiert er zum

verzauberten  . Dort wohnt

Simon, der Sohn des  .

Simon will später   werden und

hat sogar schon einen  geheilt!

„Komm schnell!", keucht das

kleine  . „Du musst Miri helfen!"

Simon springt sofort auf Elias'

und reitet wie der  zum hohlen .

Als Simon die  untersucht hat,

seufzt er. „Was hat Miri?", fragt Elias

ängstlich. „Die kleine  ist sehr

krank", erklärt Simon.

„Normale  aus dem  helfen

da nicht. Es gibt nur eine , die Miri

heilen kann. Sie ist sehr selten und

wächst hoch oben in den  ",

überlegt Simon laut.

Das kleine  erstarrt und flüstert:

„Bei den 🧑‍🤝‍🧑?" Alle 🐿️🦌🐗 im

verzauberten 🌲 fürchten die

großen und gefährlichen 🧑‍🤝‍🧑.

Trotzdem verkündet Elias mutig:

„Ich hole die 🌺!"

Simon nickt. „Aber beeil dich!"

Die  der  sind geschlossen.

Sie ist sehr blass. Elias pustet ihr

sanft ins  und macht sich auf

den  .

Das verhexte Moor

Schnell wie ein  saust Elias

durch den verzauberten  . Hinter

dem  beginnt das verhexte

und dahinter liegen die  der  .

Die  geht bereits unter. Vorsichtig

trabt das kleine  auf einem

schmalen  durch das  .

Doch als es dunkel wird, ist der

nicht mehr zu erkennen. Elias

schnaubt ängstlich. Was, wenn er

einen falschen macht und

im landet?

Da leuchten helle ⬛ auf und

weisen ihm den ⬛ . Dankbar geht

Elias auf die ⬛ zu. Aber plötzlich

versinken seine ⬛ im weichen ⬛ .

Die ⬛ haben ihn ins ⬛ gelockt!

Elias wiehert verzweifelt und

strampelt mit den , doch er

sinkt immer tiefer ein. Auf einmal

taucht ein runzliges  vor ihm auf.

Ein  !

„Hilf mir!", ruft Elias. „Bitte!" Nur

sein  schaut noch aus dem

heraus. Der streicht nachdenklich

über seinen langen . „Wer nicht

im versinken will, der verhalte

sich ganz still", rät er schließlich.

Unsicher hört das kleine  auf zu

zappeln. Und tatsächlich: Es spürt

wieder festen  unter den  !

Mühsam kämpft sich das kleine

zurück auf den  . „Nichts wie

weg hier!", denkt es sich.

Die 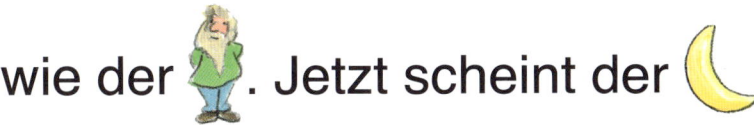 sind verschwunden, genauso

wie der 🧔. Jetzt scheint der 🌙

hell auf den 👟. Als Elias endlich

das 🌲 hinter sich gelassen hat,

legt er sich unter einen 🌳 und schläft

erschöpft ein.

Hilfe, ein Ungeheuer!

Kaum ist die ☀️ aufgegangen,

läuft das kleine 🦄 weiter. Bald

hat es die ⛰️ erreicht. Sie ragen

bis in die ☁️. Elias steigt immer

weiter hinauf. Auf dem 🏔️ des

höchsten 🏔️ wächst eine

wunderschöne 🌸.

Elias hat es fast geschafft! Gerade

will er die  pflücken, als sich

etwas vor die  schiebt.

Eine ? Nein, ein ! Er ist

so groß wie ein .

Als er das kleine  entdeckt, reißt

er den 🫦 auf. Elias ist wie erstarrt.

Will der 🧑 ihn etwa fressen?

Doch da brüllt der 🧑 : „Hilfe, ein

schwarzes 🦇 ! Mit einem 🐎

auf der 🐴 !"

Elias sieht sich ängstlich um.

Ein ? Wo? Schnell schnappt

er sich die 🌸 und saust davon. Das

kleine 🦄 galoppiert die  hinab,

durch das verhexte 🌲 und zurück

in den verzauberten 🌳.

Da ist der hohle  ! Simon und

Miri schlafen. Vorsichtig lässt Elias

die   auf Miris  fallen.

„Aufwachen!", schnaubt er leise.

Miri schlägt die  auf. „O nein!",

quiekt sie. „Ein schwarzes !"

Elias sieht an sich hinab. Das

hat sein  schwarz gefärbt. Also

war er selbst das , vor dem

sich der  gefürchtet hat!

Schnell erzählt Elias, was in

den  passiert ist. Miri und

Simon prusten los. Der kleinen

geht es schon viel besser, seit die

duftende  auf ihrem  liegt.

„Morgen bist du wieder munter

wie ein  ", versichert Simon.

„Juchhu!", jubelt das kleine  .

„Und dann besuchen wir endlich

die weise  ."

Miri kichert. „Aber vorher solltest du

unbedingt im  baden. Damit

aus dem schwarzen  wieder

mein liebstes  wird!"

Die Wörter zu den Bildern:

 Sonne

 Loch

 Wald

 Baumstamm

 Einhorn

 Bett

 Wiese

 Schlafmütze

 Schildkröte

 Beine

 Elfe

 Arzt

 Baum

 Schloss

 Zauberer

 Tiere

 Drache

 Augen

 Rücken

 Gesicht

 Wind

 Weg

 Kräuter

 Pfeil

 Blume

 Moor

 Berge

 Schritt

 Riesen

 Lichter

 Hufe

 Mund

 Boden

 Ungeheuer

 Zwerg

 Stachel

 Kopf

 Stirn

 Bart

 Fell

 Mond

 Schmetterling

 Wolken

 See

 Gipfel

Maja von Vogel wurde 1973 geboren und wuchs im Emsland auf. Sie studierte Deutsch und Französisch, lebte ein Jahr in Paris und arbeitete mehrere Jahre als Lektorin in einem Kinderbuchverlag, bevor sie sich als Autorin und Übersetzerin selbstständig machte. Heute lebt Maja von Vogel in Norddeutschland.

Dorothea Ackroyd, geboren 1960 in Herford, studierte an der FH Bielefeld Kommunikationsdesign. Seit 1990 ist sie als freischaffende Illustratorin tätig und hat seitdem mehr als 120 Bücher veröffentlicht, die zum Teil in 11 Sprachen übersetzt wurden. Sie lebt mit ihrer Familie auf der Sonnenseite des Teutoburger Waldes.

Quellenverzeichnis

Das will ich lesen!

ISBN 978-3-7432-0108-8

Natürlich ist Sofie eine richtige Prinzessin!
Deshalb gibt es in ihrem königlichen Schlossgarten
auch einen echten Drachen. Aber im Urlaub lernt
Sofie ein Mädchen kennen, dass sich gar nicht wie eine
Prinzessin benimmt. Können die beiden trotzdem
Freundinnen werden?

Dieser Sammelband enthält die drei Bände der beliebten
Prinzessin Sofie-Reihe zum Lesenlernen.

Noch mehr Lesefutter!

ISBN 978-3-7432-0107-1

Das freche Fohlen Stoppel ist auf einem Bauernhof zur Welt gekommen. Neugierig lernt Stoppel die Kuh, die Hühner und das leckerste Fohlenfutter kennen. Und dann traut er sich sogar, einen Ausflug in den großen Wald zu machen ...

Dieser Sammelband enthält drei Bände der beliebten Fohlen-Reihe zum Lesenlernen.

Das will ich lesen!

ISBN 978-3-7432-0109-5

Viel zu tun für Bagger Basti und die Baggerführer:
Sie graben auf Baustellen tiefe Löcher und retten einen
Igel aus einer Grube. Und dann gibt es auf einmal
eine große Überschwemmung! Kann ein Bagger helfen,
das Wasser zu stoppen?

Dieser Sammelband enthält drei Bände mit vielen
spannenden Geschichten von Baggern und Baustellen.

Loewe
Das will ich lesen!

Noch mehr spannende Geschichten

ISBN 978-3-7432-0132-3   ISBN 978-3-7432-0134-7

ISBN 978-3-7432-0135-4   ISBN 978-3-7432-0143-9

Mit der Reihe *Bildermaus* können Kinder schon
ab 5 Jahren (Vorschule) spielerisch lesen lernen:
Jedes Hauptwort ist durch ein Bild ersetzt.

Mehr über die Bildermaus, spannende Spiele
und Leseproben unter www.bildermaus.de.

Das will ich lesen!

Tafiti und Pinsel

ISBN 978-3-7855-8975-5

Au Backe! Als Tafiti und Pinsel am Bach Wasser holen,
werden sie von King Kofi überrascht.
Und der hat Appetit auf Schweinebraten
mit Erdmännchenspieß. Doch der Löwe rechnet
nicht mit Tafitis überraschender Gießkannenattacke.
Statt in den Braten beißt er auf Blech und
hat nun einen Wackelzahn.
Ob Tafiti und Pinsel ihm helfen können?

Loewe
Das will ich lesen!

Zum ersten Vor- und Selberlesen

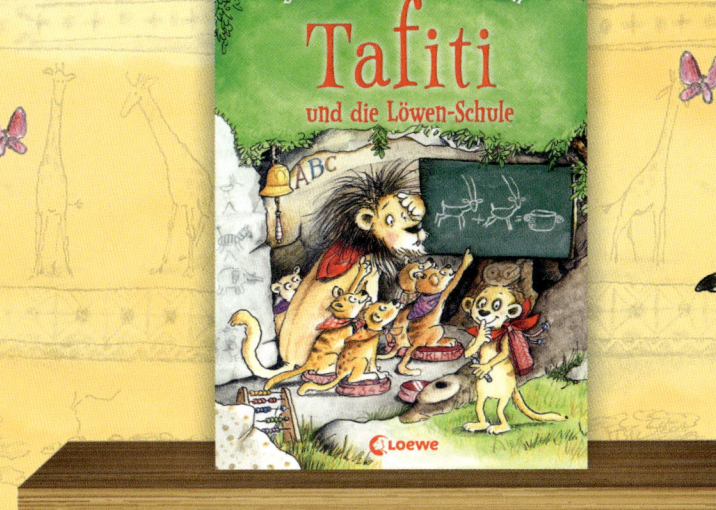

ISBN 978-3-7855-8848-2

Seine Löwenmajestät King Kofi geht wieder zur Schule!
Tafiti und Pinsel trauen ihren Ohren kaum.
Doch King Kofi will besser jagen lernen,
vor allem Erdmännchen und Pinselohrschweine!
So bleibt den zwei Freunden gar nichts anderes übrig:
Sie müssen auch zur Schule. Denn nur, wenn sie wissen,
was King Kofi Neues lernt, können sie ihm
auch in Zukunft entwischen! Verkleidet als Löwenkinder
wagen sich die beiden in die Schule der Löwen …

Das will ich lesen!